AF561072

LES MUSES,

BALLET

REPRE'SENTE' POUR LA PREMIERE FOIS

PAR L'ACADEMIE ROYALE DE MUSIQUE,

Le vingt-huitiéme jour d'Octobre 1703.

A PARIS,

Chez CHRISTOPHE BALLARD, seul Imprimeur du Roy pour la Musique, ruë S. Jean de Beauvais, au Mont-Parnasse.

M. DCC. III.

Avec Privilege de Sa Majesté.

LE PRIX EST DE TRENTE SOLS.

AVERTISSEMENT.

Nous n'avons pas dessein de combattre la critique, que plusieurs personnes ont faites de ce Ballet; c'est en corrigeant les endroits qui n'ont pas plû que nous avons crû devoir y répondre.

On a condamné le Prologue & la Pastorale : ce qui nous a engagé de donner icy un nouveau Prologue & une Pastorale : Nous avons même tâché dans tout le reste d'animer ce qui paroissoit languissant : rien ne nous estant plus cher que de contenter le Public. Au reste nous aurions desesperé d'en venir à bout en si peu de temps; mais l'honneur infini que MONSEIGNEUR nous fait de venir à nôtre Piéce, a excité en nous un nouveau feu: & si nous avons fait quelque chose de passable, nous ne le devons qu'au desir glorieux de le divertir quelques moments.

Noms des Actrices & des Acteurs, chantants dans tous les Chœurs du Ballet.

MESDEMOISELLES.

Cenet.	D'Humé.	Bataille.	Secret.
Basset.	Clement la cad.	Cochereau.	Duval.
Dupéray.	Loignon.	Vincent.	Guillet.

MESSIEURS.

Le Jeune.	Solé.	Desvoix.	Létourneau.
Prunier.	La Coste.	Le Brun.	Bonnel.
Courteil.	Cadot.	Mantienne.	Droui.
Jolain.	Marianval.	Lebel.	Alexandre.
Gaudechot.	Labé.	Drot.	

PROLOGUE.

PERSONNAGES CHANTANTS.

THETIS, *Déesse de la Mer*, Melle. Desmâtins.
PELE'E, *Roy d'une partie de la Thessalie*, Monsieur Cochereau.
JUPITER. Monsieur Bonnelle.
VENUS. Mademoiselle Armand.
APOLLON. Monsieur Choplet.
SUITE de THETIS, de VENUS, & d'APOLLON.
UN TRITON. Monsieur Boutelou.

La Scene est dans la Mer.

PERSONNAGES DANSANTS.

TRITONS.

Messieurs Germain, Bouteville, Dumoulin-L. Ferrand, Dumirail, & Dangeville-L.

NAYADES.

Mesdemoiselles Guillet, Laferriere, & Noysy,

GRACES.

Mesdemoiselles Dangeville, Rose, & Tissar

AMOURS.

Dupré, Pieret, la Porte, & Gillet.

PROLOGUE.

Le Théatre représente le Palais de THETIS au milieu de la Mer : Cette Déesse y paroît sur un trône ; Les Nayades & tous les Fleuves de l'Univers sont placez autour d'elle.

SCENE PREMIERE.

THETIS, qui descend de son trône.

ES Dieux les plus puissants ont soûpiré pour moy ;
Mais du Destin l'irrevocable loy
A l'himen de Thetis leur défend de prétendre :
J'aime un Mortel charmant, il devient mon Epoux,
Et c'est pour un himen si doux
Que dans ma Cour tous les Dieux vont se rendre.

Tout flatte mes tendres desirs,
Je ne conte pour rien la grandeur immortelle :
Me feroit-elle les plaisirs
Que me cause un amour fidelle ?

Célébrez le bonheur qui va combler mes vœux,
Chantez, Fleuves, chantez: chantez, Nimphes charmantes:
Que les festes les plus brillantes
Servent à former ces beaux nœuds.

CHOEURS.

Célébrons le bonheur qui va combler ses vœux.

CHOEUR de NIMPHES.

Chantez, Fleuves, chantez:

CHOEUR de FLEUVES.

Chantez, Nimphes charmantes:

TOUS.

Que les festes les plus brillantes
Servent à former ces beaux nœuds.

Entrée de FLEUVES & de NAYADES.

UN TRITON.

Les ruisseaux en fuyant leur source
Prennent mille chemins divers,
Mais enfin dans le sein des Mers
Ils viennent terminer leur course:

Les cœurs cherchent de vains détours,
Ils ont beau fuir & se défendre;
C'est dans l'Empire des Amours
Qu'ils doivent tôt ou tard se rendre.

Le Divertissement continuë: JUPITER paroît dans une gloire, où PELE'E est placé avec tous les Dieux.

SCENE DEUXIE'ME.

JUPITER, THETIS, PELE'E, VENUS, APOLLON, & les autres Divinitez de leur Suite.

JUPITER.

OBeïssons au Sort: que les Dieux s'interessent
Au bonheur de deux cœurs constants:
Qu'à rendre leurs desirs contents
Les Amours & l'Himen s'empressent.

THETIS & PELE'E.

Tendres Ardeurs, douce Tendresse,
Regnez dans nos cœurs à jamais;
Amour, par mille nouveaux traits
Que ta main chaque jour nous blesse.

Entrée de la Suite de VENUS.

VENUS.

Venez, Amours, venez, c'est par vôtre secours
Qu'il faut signaler ma présence,
C'est dans les lieux de ma naissance
Que doivent regner les Amours.

Que tout charme, que tout enchante,
De deux parfaits Amants venez combler les vœux:
Qu'à mille feux naissants sous les flots on ressente
Que Venus y conduit les plaisirs & les jeux.

Le Divertissement continuë.

APOLLON.

Pour rendre ce jour memorable
Les Muses dans ces lieux viennent se rassembler,
Elles veulent se signaler
Par quelque spectacle agreable.

Chantez, redoublez vos efforts,
Préparez des festes nouvelles:
Apollon, par de doux accords
S'appreste à les rendre plus belles.

CHOEUR.

Chantons, redoublons nos efforts,
Préparons des festes nouvelles,
Apollon, par de doux accords
S'appreste à les rendre plus belles.

Fin du Prologue.

LA PASTORALE.

LA PASTORALE.

LA PASTORALE.

PERSONNAGES CHANTANTS.

MIRTIL, *fils de* MONTAN, *aimé d'*AMARILLIS. Monſieur Thevenard.

MONTAN, *Sacrificateur de Diane.* Mr. Hardoüin.

AMARILLIS, *Bergere aimée de* MIRTIL. Mademoiſelle Deſmâtins.

UN BERGER. Monſieur Cochereau.

UNE BERGERE. Mademoiſelle Bataille.

CHOEURS de BERGERS & de BERGERES.

PERSONNAGES DANSANTS.

BERGERS.

Meſſieurs Germain, Dumoulin-L., Léveſque, & Dangeville-L.

BERGERES.

Mademoiſelle de Subligny.
Meſdemoiſelles Dangeville, Roſe, Laferriere, & Guillet.

PASTRES.

Meſſieurs Fauveau, & Dangevile-C.

PASTOURELLES.

Meſdemoiſelles Noyſy, & Tiſſar.

La Scene eſt dans l'Arcadie.

LA PASTORALE.

Le Théatre repreſente un Hameau, & dans le milieu un Autel.

SCENE PREMIERE.

AMARILLIS ſeule.

QUels funeſtes appreſts, helas! voicy les lieux
Où je vais me ſoûmettre à l'Oracle des Dieux!
La mort d'Amarillis doit calmer la colere
Que Diane ſur nous a trop fait éclater;
Loin que ce coup fatal puiſſe m'épouvanter,
L'atteinte m'en doit eſtre chere.

J'aime en secret Mirtil, & malgré tous mes vœux,
Le devoir m'a forcée à feindre :
Helas ! je mourrois, sans me plaindre,
Si je pouvois du moins luy découvrir mes feux.
Mais c'est luy que je voy ! puis-je encor me contraindre ?
Je suis preste à perdre le jour ;
Triste Devoir, Vertu cruelle,
Permettez qu'un moment à vos ordres rebelle
Je n'écoute icy que l'Amour.

SCENE DEUXIE'ME.

MIRTIL, AMARILLIS.

MIRTIL.

QU'ay-je appris ? quel Arrest funeste
Condamne Amarillis à l'horreur du trépas !
O Dieux ! de si beaux jours... non, vous ne mourrez pas,
J'en atteste à vos yeux la puissance céleste.

AMARILLIS.

En ce cruel moment, qui peut me secourir ?

MIRTIL.

Moy. Pour sauver vos jours un autre peut mourir,
C'est l'Arrest de Diane, & je viens de l'apprendre.

AMARILLIS.

Hé, que voulez-vous entreprendre ?
Quelle raison pour moy vous oblige à perir ?

MIRTIL.

Etranger en ces lieux je suis sans esperance,
Le sort me poursuivit, dés que je vis le jour,
J'ay toûjours ignoré l'auteur de ma naissance,
Devoré, consumé d'un malheureux amour...

AMARILLIS.

Qu'entends-je?

MIRTIL.

En secret je vous aime,
J'ay contraint cette ardeur jusques à ce moment,
Mon trépas me paroît charmant,
S'il prouve mon amour extrême.

Vous détournez les yeux? juste Ciel! voulez-vous
M'envier le trépas que je cherche pour vous?

AMARILLIS.

Helas!

MIRTIL.

Vous soûpirez?

AMARILLIS.

Que mon sort est à plaindre!

MIRTIL.

Je meurs: souvenez-vous d'un Amant malheureux.

AMARILLIS.

Pourquoy me forcez-vous à vous montrer des feux
Que je devois toûjours contraindre?

MIRTIL.

Vous m'aimez! quel aveu! qu'il enchante mon cœur;
Ah! c'est peu de ma mort pour payer mon bonheur.

Devois-tu separer, ô Destin trop barbare,
Deux Cœurs qu'un tendre amour eut unis pour jamais!

AMARILLIS.

Pourquoy, cruel Amour, blessois-tu de tes traits,
Deux Cœurs que le Destin sépare?

TOUS DEUX.

O Sort cruel, ô Dieux jaloux!
Ah! pourquoy nous séparez-vous?

MIRTIL.

Mais on vient pour le sacrifice.

AMARILLIS.

Si vous mourez, il faut que la mort nous unisse.

SCENE TROISIE'ME.

MONTAN, *Sacrificateur de Diane*, Troupe de Bergers & de Bergeres, MIRTIL & AMARILLIS.

LE SACRIFICATEUR.

O Diane, reçoi le sacrifice affreux
Que ton Oracle nous demande,
Le sang, qu'il faut que je répande,
De ton couroux doit éteindre les feux.

MIRTIL.

Arrestez : c'est mon sang que vous devez répandre.
L'Oracle nous a fait entendre
Que pour Amarillis un autre peut mourir,
Mon cœur à vos coups vient s'offrir.

LE SACRIFICATEUR.
à MIRTIL.

O Ciel!.... je vais répondre à cette noble envie.
aux BERGERS.
Venez tous admirer sa genereuse ardeur.

AMARILLIS.

Arrestez : C'est à moy qu'on doit ôter la vie,
Et je sens que déja j'expire de douleur.

Elle tombe de douleur sur un siege de gazon.

MIRTIL au SACRIFICATEUR.

Frappez.

LE SACRIFICATEUR.

Qu'une immortelle gloire
Aux Siecles à venir consacre ta memoire.
Approche, & de Diane appaise la fureur....
Mais quel trouble inconnu s'empare de mon cœur?
Expire sous mes coups... ô Ciel! quelle foiblesse!
Est-ce à moy d'épargner les victimes des Dieux?...
Helas! je sens des pleurs qui coulent de mes yeux.
Cette indigne pitié trahiroit la Déesse,
Achevons... je ne puis & je fremis d'effroy!
Diane, explique-nous le trouble où je me voy.
C'est elle-même qui s'avance,
Par nos respects reverons sa presence.

DIANE descend environnée d'un Nuage.

SCENE QUATRIE'ME.

DIANE, & tous les Acteurs de la Scene précédente.

DIANE.

Bergers raßûrez-vous,
Vous avez obéy, j'ay calmé mon courroux.

Toy qui fais reverer ma ſuprême puiſſance,
Dans le trouble inconnu qui ſaiſit tes eſprits;
En ce Berger tu vois ce Fils,
Qu'on te ravit, à ſa naiſſance.
Je viens luy conſerver le jour,
Qu'il vive pour l'Objet de ſon fidelle amour.

LE SACRIFICATEUR.

Mon Fils!

MIRTIL.

Ah quel bonheur!

AMARILLIS.

Diſſipons nos allarmes.

TOUS TROIS.

Que les Ris & les Jeux faſſent ceſſer nos larmes.

SCENE

SCENE CINQUIE'ME.

MONTAN, MIRTIL, AMARILLIS.

Troupe de BERGERS, & de BERGERES, qui viennent celebrer des jeux, en l'honneur de leurs Dieux champestres.

CHOEUR.

Dieux, qui protegez nos Hameaux,
Recevez aujourd'huy les vœux qu'on vous adresse;
Pour tout bien, pour toute richesse,
Conservez toûjours nos troupeaux.

Les Bergers & les Bergeres par des danses & des chants font le Divertissement.

UN BERGER.

Charmante Mere des Amours,
C'est vous qui faites nos beaux jours,
Rendez nos flames éternelles;
Nous renonçons à la grandeur,
Il suffit pour nôtre bonheur,
Que nos Bergeres soient fidelles.

UNE BERGERE.

Rend toûjours nos Bergers constants ;
Amour, nos vœux seront contents,
Nous n'aurons plus rien à prétendre ;
L'Empire qui peut nous charmer
Est de regner sur un cœur tendre,
Qui sçait constamment nous aimer.

CHOEUR DES BERGERES.

Que toûjours
De ses pleurs l'Aurore
Nous fasse éclore
Les tresors de Flore ;
Que toûjours
Ces heureux Boccages
Par leurs ombrages
Servent les Amours.

UNE BERGERE.

Loin des allarmes,
Du bruit des armes,
Les ris, les jeux
Previennent nos vœux.

CHOEUR.

Que toûjours
De ses pleurs l'Aurore
Nous fasse éclore
Les tresors de Flore ;
Que toûjours
Ces heureux Boccages
Par leurs ombrages
Servent les Amours.

UNE BERGERE.

La paix tranquile
De cet azile
Vaut mieux cent fois
Que le sort des Rois.

CHOEUR.

Que toûjours
De ses pleurs l'Aurore
Nous fasse éclore
Les tresors de Flore ;
Que toûjours
Ces heureux Boccages
Par leurs ombrages
Servent les Amours.

La Feste continuë.

CHOEURS.

Dieux, qui protegez nos Hameaux,
Recevez aujourd'huy les vœux qu'on vous adresse;
Pour tout bien, pour toute richesse,
Conservez toûjours nos troupeaux.

Fin de la Pastorale.

LA SATIRE.

LA SATIRE.

PERSONNAGES CHANTANTS.

DIOGENE, *Philoſophe Cynique.* Monſieur Dun.

ARISTIPPE, *Courtiſan,* Monſieur Choplet.

ALCIPPE, *Amant préſomptueux & indiſcret.* Mr Pouſſin.

LAIS, *Jeune Coquette.* Mademoiſelle Vincent.

DEUX GRECQUES Melles Loignon & Clement.

Troupe de GRECS *& de* GRECQUES.

PERSONNAGES DANSANTS.

GRECS.

Meſſieurs Bouteville, Germain, Ferrand, Dumoulin-L., Dumoulin-C, & Dangeville.

GRECQUES.

Meſdemoiſelles Dangeville, Roſe, Bertin, Tiſſar, La Ferriere & Provoſt.

La Scene eſt à Corinthe.

LA SATIRE.

Le Theatre represente le Temple de la Raillerie. On voit dans l'enfoncement Momus porté par quatre Satires; Sur les côtez du Theatre plusieurs figures isolées representent Démocrite, & Heraclite; La Satire & la Comedie; Tersite, & Esope; Archiloque, Poëte Satirique, & Aristophane, Poëte Comique: Deux Philosophes Cyniques avec leurs Lanternes: Mercure, & Apollon, Dieux de la Poësie & de l'Eloquence.

SCENE PREMIERE.

DIOGENE, ARISTIPPE

DIOGENE.

ON, malgré vos conseils, je ne sçaurois me taire,
Le plaisir de railler est mon plus doux employ;
J'ay le défaut d'être sincere,
Je cherche un Mortel comme moy.

ARISTIPPE.

C'est un mal au siecle où nous sommes
D'avoir trop de sincerité:
Il faut avoir, pour plaire aux hommes,
L'art de masquer la verité.

DIOGENE.

Je suis donc assûré de meriter leur haine;
Je ne puis resister au penchant qui m'entraîne,
Qu'Aristippe à son gré leur dresse des Autels,
Encense leurs deffauts, adore leurs caprices:
Vous trouvez du plaisir à loüer les Mortels,
J'en trouve à condamner leurs vices.

ARISTIPPE.

C'est un plaisir à redouter.

DIOGENE.

Je sçay dans quel peril c'est vouloir se jetter.
La verité trop importune
Se fait en tous lieux rebuter,
Renoncer à l'art de flater,
C'est renoncer à la Fortune.

ARISTIPPE.

La Fortune pour vous est-elle sans appas?

DIOGENE.

Je pretens la braver, & ne la chercher pas.

La Fortune est toûjours volage ;
Quand elle vous rit davantage,
Craignez ses coups les plus affreux :
Rien ne peut la rendre fidelle,
Elle est femme, il est dangereux
De compter un moment sur elle.

ARISTIPPE.

Contre un Sexe charmant d'où naist votre courroux !
Sous les Loix de Laïs vôtre ame est asservie.

DIOGENE.

Elle a mille deffauts, & je les connois tous,
Je l'aime cependant, & c'est-là ma folie,

Faut-il que cet Objet trompeur
Me force malgré moy de luy rendre les armes,
Et qu'il ait, pour troubler mon cœur,
Tant de deffauts & tant de charmes ?

Je crois Laïs volage, & veux m'en assurer.

ARISTIPPE.

C'est toûjours un secret qu'il est bon d'ignorer.

DIOGENE.

C'est pour me dégager que je veux m'en instruire.
Les Grecs que charme la Satire
Vont s'assembler dans ce séjour :
Ils ont accoûtumé d'y venir en ce jour,
Goûter la liberté de railler & de rire :
J'y viens chercher Laïs ; Laissez-moy dans ces jeux
L'observer, la confondre, & briser tous mes nœuds.

SCENE DEUXIE'ME.

DIOGENE, ALCIPPE.

ALCIPPE à part.

C'Est trop-tôt répondre à mes vœux ;
Amour, si tu prétends que je porte ta chaîne ;
A flechir l'Objet de mes feux,
Laisse-moy trouver plus de peine.

DIOGENE.

Vous êtes content de l'Amour?
Dans vos yeux satisfaits je vois vôtre victoire.

ALCIPPE.

Ce Dieu me blesse chaque jour,
Mais c'est pour me combler de gloire.

Du Sort & de l'Amour j'ignore tous les maux.

DIOGENE.

Je crois qu'en tous lieux on vous aime ;
Mais souvent qui s'aime soy-même,
Court risque d'aimer sans rivaux.

ALCIPPE.

ALCIPPE.

L'Objet pour qui mon cœur ſoupire,
Répond à mes ſoins amoureux;
Le plaiſir d'être heureux
N'eſt rien ſans celuy de le dire.

Laïs partage mon ardeur....

DIOGENE.

Laïs! ah quel coup pour mon cœur!

ALCIPPE.

Un indigne Rival qu'elle me cache encore,
Vouloit s'opoſer à ſon choix;
Elle m'a juré mille fois
Que ſon cœur le haït & m'adore.

DIOGENE.

L'Ingrate!

ALCIPPE.

Cet aveu pouroit-il vous toucher?

DIOGENE.

Si vous êtes aimé vous deviez le cacher.

Quand on eſt aimé d'une Belle,
On doit mieux garder ſon ſecret;
Et je condamne moins la Maîtreſſe infidelle,
Que l'Amant indiſcret.

SCENE TROISIE'ME.

DIOGENE, LAIS, ALCIPPE.

DIOGENE à Laïs.

Venez, venez confondre un jeune Témeraire,
Alcippe s'est vanté qu'il avoit sçû vous plaire.

On voit en tous lieux des Amants
Se parer d'une vaine gloire,
Qui souvent en secret accablez de tourments
Chantent en public leur victoire.

LAIS.

Alcippe est indiscret, son cœur m'avoit promis
Que de nos feux il feroit un mistere.

ALCIPPE.

L'Amour ne me l'a pas permis,
C'est un excés d'ardeur de ne pouvoir se taire.

DIOGENE.

Ingratte, il est donc vray, vous me manquez de foy?

LAIS.

Plaignez-vous de l'Amour, sans vous plaindre de moy.

L'Amour sous d'autres Loix me contraint à me rendre,
Puis-je resister à ses coups?
S'il me parloit encor pour vous,
Je prendrois plaisir à l'entendre.

DIOGENE.

Je devrois condamner vôtre Infidelité;
Mais je veux faire grace à la sincerité.
Ce n'est point une chose étrange
Qu'un sexe si volage aime le changement;
Mais c'est un prodige en aimant,
De voir une femme qui change,
Sans feinte & sans déguisement.

Loin de blâmer l'aveu que vous venez de faire,
Je veux que l'on publie, en ce riant sejour,
Que dans l'Empire de l'Amour,
Il est quelque femme sincere.

SCENE QUATRIEME.

DIOGENE, LAIS, ALCIPPE, ARISTIPPE. Troupes de GRECS & de GRECQUES qui avoient accoûtumé pendant les Saturnales de venir se rejoüir dans le Temple de la Raillerie.

CHOEURS.

CHantons, rions, c'est de la vie
Le plus aimable amusement:
Est-il un plaisir plus charmant,
Que celuy de la Raillerie?

LAIS.

Cedez, l'Amour vous y convie,
Beautez, rendez-vous à ses traits;
Mais, si vous avez la folie
De chercher des Amants discrets,
Vous n'aimerez point dans la vie.

DIOGENE ET LAIS.

Sur les ondes, malgré l'orage,
Sans crainte de faire naufrage,
On peut quelquefois se risquer:
Mais, lorsque l'Amour nous apelle,
Malheur à qui s'ose embarquer
Sur les vains serments d'une Belle.

ARISTIPPE.

En vain une barbare envie
Veut noircir un Sexe charmant,
C'est luy seul qui fait de la vie
Tous les plaisirs & l'ornement.
L'Amour en soumettant nos ames
Fait regner ces charmants vainqueurs,
Et c'est par les plus vives flâmes,
Qu'il les vange au fond de nos cœurs.

CHOEUR.

Chantons, rions, c'est de la vie
Le plus aimable amusement;
Est-il un plaisir plus charmant,
Que celuy de la Raillerie?

Fin de la Satire.

LA TRAGEDIE.

LA TRAGEDIE.

PERSONNAGES CHANTANS.

ALTHE'E, *Reine de* CALYDON. Mademoiſelle Deſmâtins.

PLEXIPPE, *frere d'*ALTHE'E, Monſieur Plin.

ME'LE'AGRE, *Fils d'*ALTHE'E, *Amoureux d'*ATALANTE. Monſieur Thevenard.

ATALANTE, *Princeſſe d'*ARCADIE, *Amante de* ME'LE'AGRE. Mademoiſelle Salé.

DEUX CALYDONIENNES. M[elles] Batailles, & Duperey.

UN CALYDONIEN. Monſieur Bonnelle.

Chœur des Peuples de CALYDON.

PERSONNAGES DANSANTS.

CALYDONIENS.

Meſſieurs, Germain, Dumoulin-L., Leveſque & Dangeville

CALYDONIENNES.

Meſdemoiſelles, la Ferriere, Guillet, Noyſy & Tiſſar.

*La Scene eſt dans le Palais d'*ALTHE'E.

LA TRAGEDIE.

Le Theatre represente le Palais d'ALTHE'E.

SCENE PREMIERE.

ALTHE'E seule.

UEL trouble regne ici ! mes rebelles Sujets
Prétendent sur mon Trône élever Atalante !
Mon Fils même, mon Fils animant leurs projets,
Cherche à couronner son Amante !
Mon frere veut en vain arrester leur fureur,
Il court dans un peril dont je fremis d'horreur,
Les cris des Combattants se font par tout entendre !
O malheureuse Althée, à quoy dois-je m'attendre !
Que vois-je ? Justes Dieux !
C'est mon frere mourant qu'on ameine en ces lieux !

SCENE DEUXIE'ME.

ALTHE'E, PLEXIPPE mourant.

PLEXIPPE.

Je meurs... j'ay pris vôtre deffense....
L'espoir d'être vangé soûtient seul mes esprits....
Je viens de mon trépas vous demander le prix.

ALTHE'E.

Vous serez satisfait : Je cours à la vengeance.
C'est vous que j'atteste aujourd'huy,
Maître des Cieux & de la Terre,
Si son cruel vainqueur ne meurt pas avec luy,
Faites voler sur moy les éclats du Tonnerre.

à PLEXIPPE.

Sur qui doivent tomber mes trop justes fureurs?
Nommez-moy le Cruel....

PLEXIPPE.

Méléagre.... Je meurs.

SCENE

SCENE TROISIE'ME.

ALTHE'E, seule.

C'Est mon fils! Quel coup pour mon ame!
Quel serment ay-je fait? Et qu'est-ce que je veux?
Mais c'est un fils ingrat, qu'un lâche amour enflamme,
Qui m'envie un pouvoir qui seul flatte mes vœux...
De mon juste couroux suivons la violence:
Les Parques m'ont remis au temps de sa naissance
Un funeste flambeau d'où dépendent ses jours,
Je puis par ce secours
Tirer une prompte vengeance.
Allons.... Mais quelle voix vient encor me parler?
Barbare, c'est ton fils que tu vas immoler!
Non, qu'il vive: à mes yeux c'est luy qui se présente,
Calmez-vous mes transports..... Mais je vois Atalante!
Mon couroux se ralume à cet Objet affreux,
Immolons des ingrats & mourons aprés eux.

SCENE QUATRIE'ME.

ME'LE'AGRE, ATALANTE.

ME'LE'AGRE.

Comme moy, de vos yeux tout ressent la puissance,
Nos peuples ont suivi le penchant de mon cœur.

ATALANTE.

Ah! vous devez songer à calmer leur ardeur,
Elle a trop éclaté, la Reine s'en offense,
Et la mort de son frere irrite sa fureur.

ME'LE'AGRE.

Mon bras a dû punir le dessein téméraire,
Qui l'osoit armer contre vous:
Mes soins sçauront d'Althée apaiser le couroux,
Mon amour est trop juste, & ne peut luy déplaire.

ATALANTE.

Rendez-luy le pouvoir que l'on offre à mes yeux:
La gloire de regner n'est point ce qui m'enchante;
Un bien plus précieux
Doit charmer Atalante.

ME'LE'AGRE.

Quels honneurs ne vous doit-on pas?
Un monstre dans nos bois faisoit sentir sa rage,
Vous avez contre luy montré vôtre courage,
Et si mes derniers coups ont causé son trepas,
C'est à vous qu'on en doit l'hommage,
Vos regards animoient mon bras.

ATALANTE.

Pour prix de mes efforts, augmentez vôtre flamme,
Elle est l'unique bien qui peut toucher mon ame.

MÉLÉAGRE.

Vous regnez sur mon cœur, j'en fais tous mes plaisirs,
Mes fers me sont plus doux que l'Empire du monde:
Qu'à mes tendres ardeurs votre flamme réponde,
Je ne forme plus de desirs:
Vous regnez sur mon cœur, j'en fais tous mes plaisirs,
Mes fers me sont plus doux que l'Empire du monde.

ATALANTE.

De la plus vive ardeur je me sens enchanter,
Doit-elle craindre de paroître?
C'est la gloire qui l'a fait naître,
Et la raison vient l'augmenter.

MÉLÉAGRE, ET ATALANTE.

Que mon sort est digne d'envie!
Que mon bonheur doit me charmer!
Le plus doux plaisir de ma vie,
Est le plaisir de vous aimer.

MÉLÉAGRE.

Le Peuple vient ici vous rendre son hommage.

ATALANTE.

Ce soin va pour la Reine être un nouvel outrage.

SCENE CINQUIE'ME.

M'ELE'AGRE, ATALANTE.

Choeurs de Peuples de CALYDON, Troupe de Heros & d'Amazones qui s'étoient trouvez à la chasse du Sanglier de CALYDON.

CHOEUR.

Nous unissons pour vous & nos vœux & nos voix :
Triomphez de nos cœurs, regnez, Beauté charmante,
Le plaisir de vous voir nous ravit, nous enchante,
L'Amour, le tendre Amour nous soûmet à vos loix.
Nous unissons pour vous & nos vœux & nos voix.

Les Peuples de CALYDON rendent leurs hommages à ATALANTE, & par leurs danses & leurs chants forment le Divertissement.

DEUX CALYDONNIENES ET UN CALYDONIEN.

Aprés vôtre victoire,
Laissez-vous charmer :
Joignez à tant de gloire
La douceur d'aimer.

Pourquoi nous faire entendre
Qu'un cœur doit toûjours
S'armer & se deffendre
Contre les amours ?
De beaux feux,
De doux nœuds
Sçavent rendre
Tous les cœurs heureux.

Aprés vôtre victoire,
Laissez-vous charmer :
Joignez à tant de gloire
La douceur d'aimer.

Que nôtre ame se livre
A de doux plaisirs :
Veut-on nous faire vivre
Sans soins, sans desirs ?
Quelle erreur !
Le bonheur
Est de suivre
Le penchant du cœur.

Aprés vôtre victoire,
Laissez-vous charmer :
Joignez à tant de gloire
La douceur d'aimer.

MÉLÉAGRE.

Interrompez ces jeux... Ah quelle ardeur fatale
S'allume dans mon sang & déchire mon cœur!
Je fais de vains efforts, ma peine est sans égale!

ATALANTE.

O Ciel!

MÉLÉAGRE.

Je n'en sçaurois surmonter la rigueur;
Suis-je prest à tomber dans la nuit infernale?
Sort cruel! Dieux jaloux de nos tendres ardeurs,
Est-ce pour m'arracher à l'Objet que j'adore,
Qu'aujourd'huy vos fureurs
Excitent dans mon sein ce feu qui le devore?

ATALANTE.

O juste Ciel, voyez couler mes pleurs!
Cher Prince!

MÉLÉAGRE.

Quelle voix touchante
Cherche à suspendre mes douleurs!
Est-ce-vous, divine Atalante?
Nous allions estre unis, nous nous aimions... je meurs!
Ce cruel souvenir acheve mon supplice...
O sort? quelle est ton injustice...
Ah! mon tourment s'augmente, & l'Enfer en fureur
De tous ses châtiments me fait sentir l'horreur.

SCENE SIXIE'ME.

ALTHE'E, ME'LE'AGRE, ATALANTE.

ATALANTE à ALTHE'E.

Voyez de son tourment quelle est la violence.

ALTHE'E.

Dans ce funeste état c'est moy qui l'ay reduit ;
Le flambeau de ses jours étoit en ma puissance,
Le feu l'a consumé, j'ay pressé ma vengeance,
De son ingratitude il a reçû le fruit.

ATALANTE.

O Dieux !

ME'L'EAGRE.

Venez, Mere cruelle,
C'en est fait : je descends dans la nuit éternelle,
Je ne me plaindray point : Ma mort fait vos plaisirs ;
Je vais... O desespoir ! L'Astre qui nous éclaire
N'offre plus à mes yeux qu'un reste de lumiere.
Je succombe, je meurs... contentez vos desirs...
Mon cœur, malgré vôtre rigueur extrême,
Entre vous & l'Objet qu'il aime,
Partage ses derniers soûpirs.

ATALANTE.

Il meurt... en ce moment funeste
La mort est tout ce qui me reste.

SCENE SEPTIE'ME.

ALTHE'E, seule.

IL n'est plus ! Qu'ay-je fait ! je vois toute ma rage !
Helas! D'un vain remords mon cœur se sent frapper,
Mon couroux sur mes yeux avoit mis un nüage,
Mon amour renaissant vient de le dissiper.
Quel crime ! Quelle horreur ! O Mere trop barbare,
Où prétends-tu cacher ce forfait odieux ?
Où suis-je ? Les Enfers découvrent à mes yeux
Les rives de l'affreux Tenare.
J'y vois mon Fils ! O sort ! quel supplice nouveau !
Les Parques de ses jours consument le flambeau....
Cruelles, arrestez... Esperance trop vaine !
Mon Fils n'est plus ! Je cede à ma mortelle peine !
Dans l'éternelle nuit c'est moy qui l'ay plongé !
Il m'appelle... J'entends sa voix triste & plaintive !
Atten... j'iray bien-tôt sur l'Infernale rive,
T'apprendre que tu meurs vangé.

Fin de la Tragedie.

LA COMEDIE.

LA COMEDIE.

LA COMEDIE.

PERSONNAGES CHANTANTS.

DEME'E, *Vieillard Athenien, Pere d'Ericine.* Monſieur Boutelou.
GERONTE, *Vieillard Athenien, Pere d'Eraſte.* Monſieur Deſvoix.
ERASTE, *fils de Geronte, amoureux d'Ericine.* Mr. Cochereau.
ERICINE, *amante d'Eraſte,* Mademoiſelle Maupin.
DIRCE', *confidente d'Ericine.* Mademoiſelle Armand.
LICAS, *Valet d'Eraſte.* Monſieur Dun.
CHOEURS d'Atheniens.

PERSONNAGES DANSANTS.

Le Pere de LA MARIE'E. Monſieur Boutelou.
La Mere de LA MARIE'E. Mademoiſelle Roſe.

Parents DU MARIE', *&* *de* LA MARIE'E, *déguiſez.*
Monſieur Dumoulin-L., & Mademoiſelle Dangeville.
Monſieur Dumolin-C., & Mademoiſelle Noyſy.
Monſieur Fauveau, & Mademoiſelle Guillet,
Monſieur Léveſque, & Mademoiſelle Dupleſſis.
Monſieur Dumirail, & Mademoiſelle Tiſſar.

Conducteur des petits Garçons, freres de LA MARIE'E.
Le Petit La Porte.
Les deux petits Garçons. Dupré, & Pieret.

Gouvernante des Filles, Sœurs DU MARIE', La Petite Carré.
Les deux Petites Filles. Meſdemoiſelles Laferriere, & Provoſt.

La Scene eſt à Athenes.

LA COMEDIE.

Le Théatre represente une Place de la Ville d'Athenes, où est la Maison du Pere d'ERICINE.

SCENE PREMIERE.

DEME'E, ERICINE, DIRCE'.

DEME'E à ERICINE.

E me resiste plus: j'ay formé ce dessein,
Et Geronte aujourd'huy doit recevoir ta main.

ERICINE.

Ah! ne m'imposez point ce cruel esclavage;
Il faut attendre au moins que je l'aime à mon tour.

DEME'E.

Le temps fera naître l'amour,
Commençons par le Mariage.

DIRCE'.

Cét espoir fait des Malheureux,
On entend mille Epoux s'en plaindre:
L'Himen du tendre Amour n'allume point les feux,
Il est plus propre à les éteindre.

DEME'E.

Malgré ces beaux conseils, cédez à mon pouvoir:
Je vais chercher l'Epoux que vous devez avoir.

SCENE DEUXIE'ME.

ERICINE, DIRCE'.

DIRCE'.

Vous soûpirez?

ERICINE.

Ah quel supplice!
Ce jour va s'opposer à mes vœux les plus doux;
Helas! j'aime en secret le fils de cét Epoux
A qui l'on veut que je m'unisse.
J'aime Eraste & je crois avoir touché son cœur,
Depuis que mon Himen s'apreste
Il paroît accablé d'une affreuse langueur;
Il craint autant que moy cette fatale feste.

DIRCE'.

Tout paroît Amour à nos yeux,
Du moment que nôtre cœur aime:

On trouve une douceur extrême
A croire que l'Objet que nous aimons le mieux
Est pour nous sensible de même:

Tout paroît Amour à nos yeux,
Du moment que nôtre cœur aime.

Son Esclave fidelle est sensible pour moy,
Il doit tout decouvrir... Mais c'est luy que je voy.

SCENE TROISIE'ME.

ERICINE, DIRCE', LICAS.

DIRCE'.

HE bien, que faut-il qu'on espere?

LICAS.

Dircé, j'ay tout tenté pour te prouver mes feux,
Mais mon Maître s'obstine à me faire un mistere...

DIRCE'.

Il n'est donc point Amant; dans l'Empire amoureux
On ne sçait pas si bien se taire.

ERICINE.

Helas !

LICAS à ERICINE.

C'est vainement que vous vous allarmez,
Il vous aime en secret autant que vous l'aimez.

Les troubles qu'il nous fait paroître,
Sont de ceux que l'Amour excite dans les cœurs :
Les beaux yeux de Dircé par ses regards vainqueurs
M'ont trop apris à m'y connoître.

DIRCE'.

Ne parle que d'Eraste, & fini ce discours.

LICAS à ERICINE.

Plus vôtre Himen s'aproche, plus son mal s'augmente,
Son Pere qui s'en épouvante
Veut de l'art d'Esculape emprunter le secours.

Il ne vous a point vûë & ne peut vous connoître,
Tout est prest, suivez-moy, pour servir vos amours,
Je pretends faire un coup de maître.

à DIRCE'.

Geronte vient icy, prend soin de l'arrester ;
Et par un doux regard daigne au moins me flatter.

SCENE QUATRIE'ME.

GERONTE DIRCE'.

GERONTE.

MAlgré les transports de ma flâme
La langueur de mon Fils m'oblige à differer
Un Himen charmant pour mon ame;
L'Objet de mon amour en pourra soûpirer.

DIRCE'.

Non, non, ne craignez point de luy faire de peine.

GERONTE.

Son cœur doit partager mes amoureux desirs.

DIRCE'.

Vous luy feriez plus de plaisirs
En renonçant à cette chaîne.

Ces nœuds qui vous semblent charmants,
Devroient vous causer mille allarmes:
Vous trouverez plus de tourments,
Que vous n'en esperez de charmes.

GERONTE.

Non, toutes ces raisons ne peuvent m'allarmer.

DIRCE'.

Estes-vous dans l'âge d'aimer?

L'Himen & la tendresse
Peuvent, dans nos beaux ans, combler tous nos desirs;
Mais la vieillesse
Tourne en poison les doux plaisirs
Que goûte l'aimable jeunesse.

GERONTE.

Licas a déja fait ce que j'ay desiré,
Et je vois pour mon Fils un secours asûré.

SCENE CINQUIE'ME.

ERICINE déguisée en Medecin, GERONTE, LICAS.

ERICINE.

Je viens vous presenter & mes soins & mon zéle,
A mes heureux secours on peut s'abandonner.

GERONTE.

Mon Fils est accablé d'une langueur mortelle,
C'est pour luy qu'aujourd'huy je vous fais amener.

ERICINE.

Mon Art trouvera tout possible
Dans l'ardeur de le secourir;
Aux tourments qu'il pourroit souffrir
Je sens déja mon cœur sensible.

GERONTE.

En finissant ses maux, vous me rendrez heureux,
Sans luy, d'un tendre Himen j'allois former les nœuds.

ERICINE.

Quel desir insensé vous presse,
Dans vôtre derniere saison?
Goûtez les fruits de la sagesse,
Et les plaisirs de la raison,
Laissez l'amour à la Jeunesse.

GERONTE.

GERONTE.

L'Amour doit toûjours nous charmer,
Ses feux sçavent nous ranimer,
Malgré les ans, il faut le suivre:
La Jeunesse toûjours doit vivre pour aimer,
Et la Vieillesse aimer pour vivre.

L'Himen va me livrer une jeune Beauté!
On vante sa douceur & sa fidelité.

ERICINE.

L'espoir d'un prompt himen force une fille à feindre,
Elle affecte long-temps un air aimable & doux;
Dés que l'Amant devient Epoux,
Elle ne sçait plus se contraindre.

GERONTE.

Par les soins les plus doux je fixeray ses vœux,
L'âge ne me rend point ni jaloux ni fâcheux.

ERICINE.

Vous n'en aurez pas moins à craindre.

De tout temps l'infidelité
Fût le commun penchant des Belles,
Leur laisser trop de liberté,
C'est leur dire d'estre infidelles.

GERONTE.

Hé bien, je deviendray jaloux de ses appas.

Dans une éternelle contrainte
J'observeray par tout ses pas:
Si l'amour ne la retient pas,
Je la retiendray par la crainte.

ERICINE.

Vous courez un plus grand danger,
Vous prendrez un soin inutile ;
Femme qui cherche à se vanger
Ne trouve rien de difficile.

GERONTE.

A prévoir le plus grand danger,
L'âge m'a rendu trop habile.

ERICINE.

Femme qui cherche à se vanger
Ne trouve rien de difficile.

GERONTE.

Quel est donc le secret qui peut me rendre heureux?

ERICINE.

Fuyez l'himen, craignez de reprendre ses nœuds.

LICAS.

C'est vôtre Fils qui vient, & l'Amour vous engage
A luy chercher un prompt secours.

GERONTE à ERICINE.

Mettez tout en usage
Pour conserver ses jours.

SCENE SIXIE'ME.

ERASTE, GERONTE, ERICINE, LICAS.

GERONTE.

VIen, mon Fils... Pourquoy ce ſilence...
Tu fais de tes tourments croître la violence!
Tu ſoûpires... du moins tourne ſur nous les yeux,
Ce n'eſt point un homme ordinaire
Que je t'ameine dans ces lieux ,
Il ſçaura découvrir ce que tu veux me taire.

ERASTE à part en voyant ERICINE.

C'eſt elle-même! ô Ciel, que dois-je en eſperer?

ERICINE à ERASTE.

Je voy trop les raiſons qui vous font ſoûpirer,
Ceſſez de m'en faire un miſtere.

ERASTE à ERICINE.

Ah! pouvez-vous les ignorer?

GERONTE à part.

Rien ne peut échaper à ſon art admirable!

ERASTE à ERICINE.

Vous avez penetré le trouble qui m'accable,
Mais vous pouvez m'offrir l'eſpoir le plus chamant:
C'eſt de vous que j'attens le ſecours favorable
Qui ſeul peut finir mon tourment.

GERONTE à ERICINE.

Pour luy de tout vôtre Art employez la puissance.

ERASTE à ERICINE.

C'est en vous seulement que mon espoir est mis.

GERONTE à ERICINE.

Vous verrez les effets de ma reconnoissance.

ERICINE à ERASTE.

Je veux, pour toute récompense,
Que vous soyez sensible aux soins que j'auray pris.

ERASTE à ERICINE.

Ma reconnoissance éternelle...

ERICINE à ERASTE.

Allez, laissez-nous seuls, fiez-vous à mon zele.

SCENE SEPTIE'ME.

ERICINE, GERONTE.

ERICINE.

A Ses yeux par pitié j'ay caché son malheur,
Bien-tôt vous le verrez expirer de douleur.

GERONTE.

Mon Fils! qu'entends-je?

ERICINE.

Il faut vous apprendre un mistere:
Une jeune Beauté possede tous mes vœux.

GERONTE.

Et qu'importe à mon Fils qu'elle sçache vous plaire?

ERICINE.

Vôtre Fils en est amoureux.
L'Himen va pour jamais nous unir de sa chaîne :
Vôtre Fils pourra-t'il resister à sa peine ?
Je vais presser sa mort, en formant ces doux nœuds.

GERONTE.

Quoy ! mon Fils va perir ! vous en seriez la cause !
Ah ! songez aux dangers où l'Himen nous expose.

ERICINE.

Pour sauver vôtre Fils dois-je vaincre mes feux ?

GERONTE.

Il meritoit un sort heureux !

ERICINE.

C'en est trop : je ne dois plus feindre,
Vous aimez Ericine, elle a touché son cœur,
En l'arrachant à son ardeur,
Vous avez pour luy tout à craindre.

GERONTE.

Mais, cet Himen faisoit tout mon bonheur !

ERICINE.

Vôtre Fils va perir, vous en serez la cause,
Ah ! songez aux dangers où l'Himen nous expose.

GERONTE.

Pour luy je vaincrai mon amour ;
Mais il faut que l'Objet qu'il aime,
Veuille y consentir à son tour.

ERICINE, en se faisant reconnoître.

Ne craignez plus rien, c'est moy-même.
Voyez ce que j'ay fait : le plus doux de mes vœux
Est qu'un tendre himen nous unisse.

GERONTE.

Je ne puis trop loüer ce charmant artifice.

à ERASTE qui rentre sur la Scene.

Vien, mon Fils, je sçay tout & veux te rendre heureux.

SCENE HUITIE'ME.

ERICINE, GERONTE, ERASTE.

ERICINE & ERASTE.

Oublions nôtre peine,
Livrons-nous aux plaisirs :
L'Himen va combler nos desirs,
Que l'Amour en forme la chaîne.

SCENE NEUVIE'ME.

DE'ME'E, GERONTE, ERASTE, ERICINE.

GERONTE.

JE renonce à l'Himen, ne comptez plus ſur moy,
Je veux prendre ce ſoin pour un autre moy-même,
Voyez à quel Objet...

DE'ME'E.

Ciel, qu'eſt-ce que je voy?
Quoy! c'eſt ma Fille?

GERONTE.

Mon Fils l'aime;

DE'ME'E.

Allons les rendre heureux ſous une même loy.

Le Théatre change, & repréſente une Salle préparée pour des Nopces.

SCENE DIXIE'ME.

DE'ME'E, GERONTE, ERASTE, ERICINE, LICAS, DIRCE', les Parents & les Amis des MARIEZ, qui viennent célébrer la Nopce.

CHOEUR.

JOüissez des plaisirs que l'Himen vous apreste,
L'Himen a peu de jours heureux:
Il n'a de charmant que la feste,
Qui sert à célébrer ses nœuds.

DORINE.

Qu'est devenu cet heureux temps,
Où l'Himen ne faisoit que des Amants constants?
Quelque soin que l'on prenne
Rien ne peut arrester leur cœur,
Ils se rebuttent par la peine,
Et se lassent par la douceur.

CHOEUR.

Joüissez des plaisirs que l'Himen vous apreste,
L'Himen a peu de jours heureux:
Il n'a de charmant que la feste,
Qui sert à celebrer ses nœuds.

Fin du Ballet des Muses.

PRIVILEGE GENERAL.

LOUIS PAR LA GRACE DE DIEU, ROY DE FRANCE ET DE NAVARRE; à nos amez & feaux Conseillers, les Gens tenant nos Cours de Parlement, Maîtres des Requêtes ordinaires de nôtre Hôtel, Grand Conseil, Prévôt de Paris, Baillifs, Senéchaux, leurs Lieutenants Civils, & à tous autres nos Justiciers qu'il appartiendra; SALUT: Nôtre bien amé le Sieur JEAN NICOLAS DE FRANCINI, l'un de nos Conseillers, Maître d'Hôtel ordinaire, interessé conjointement avec le Sieur HYACINTHE DE GAUREAULT Sieur DE DUMONT, l'un de nos Ecuyers ordinaires, & de nôtre tres-cher & bien amé Fils le Dauphin, au Privilege que nous leur avons accordé, pour l'Academie Royale de Musique, par nos Lettres Patentes du 30. Decembre 1698. Nous ayant fait remontrer qu'il desiroit donner au Public un RECUEIL GENERAL DES OPERA, REPRESENTEZ PAR L'ACADEMIE ROYALE DE MUSIQUE, DEPUIS SON ETABLISSEMENT, ET QUI SERONT REPRESENTEZ CY-APRE'S, s'il nous plaisoit luy accorder nos Lettres de Privilege sur ce necessaires, attendu les grandes dépenses qu'il convient faire, tant pour l'Impression que pour la Graveure en Taille-douce des Planches dont ce Livre sera orné. Nous avons permis & permmettons par ces presentes audit Sr DE FRANCINI, de faire imprimer ledit RECUEIL par tel Imprimeur, & en telle forme, marge, caractere que bon luy semblera, en un ou plusieurs Volumes, conjointement ou separément, & de le faire vendre & distribuer dans tout nôtre Royaume, pendant le temps de six années consecutives, à compter du jour de la datte des présentes. FAISONS DEFENSES à tous Imprimeurs, Libraires, & à tous autres de quelque qualité & condition qu'ils puissent être, de contrefaire ledit RECUEIL en tout, ni en partie; ni même les Planches & Figures qui l'accompagnent, & d'en faire venir ni vendre d'impression étrangere, sans le consentement par écrit de l'Exposant, ou de ceux à qui il aura transporté son Droit, à peine de trois mille livres d'amende contre chacun des contrevenants, dont un tiers à l'Hôtel-Dieu de Paris, un tiers à l'Exposant, & l'autre au Dénonciateur; de confiscation des Exemplaires contrefaits, que nous voulons être saisies par tout où ils se trouveront, & de tous dépens, dommages & interests: à la charge que ces présentes seront registrées és Registres de la Communauté des Imprimeurs & Libraires de Paris, que l'impression desdits Opera, sera faite dans nôtre Royaume, & non ailleurs, & ce en bon papier & en beau Caractere conformement aux Reglements de la Librairie, & qu'avant que de l'exposer en vente, il en sera mis deux Exemplaires dans nôtre Bibliotheque publique, un dans le Cabinet des Livres de nôtre Château du Louvre, & un dans celle de nôtre tres-cher & feal Chevalier Chancellier de France le Sieur Phelypeaux, Comte de Pontchartrain Commandeur de nos Ordres; le tout à peine de nullité des présentes: du contenu desquelles, nous vous mandons & enjoignons de faire joüir l'Exposant, ou ses ayants cause pleinement & paisiblement, sans souffrir qu'il leur soit fait aucun trouble ou empêchement. VOULONS que la copie de ces présentes, qui sera imprimée, dans ledit Livre, soit tenuë pour bien & düement signifiée, & qu'aux copies collationnées, par l'un de nos amez & feaux Conseillers-Secretaires, foy soit ajoûtée comme à l'Original. COMMANDONS au premier nôtre Huissier ou Sergent sur ce requis, de faire pour l'execution des présentes, tous Actes requis & necessaires, sans demander autre permission, nonobstant Clameur de Haro, Charte Normande, & Lettres à ce contraires: CAR tel est nôtre plaisir. DONNE' à Versailles le dixiéme jour de Juin, l'An de grace 1703. Et de nôtre Regne, le soixante-uniéme. Par le ROY, en son Conseil. Signé, LE COMTE, avec Paraphe, & scellé.

Ledit Sieur DE FRANCINI a fourny le present Privilege à *Christophe Ballard*, seul Imprimeur du Roy pour la Musique, pour en joüir en son lieu & place, suivant leurs conventions.

Registré sur le Livre de la Communauté des Imprimeurs & Libraires, conformément aux Reglements. A Paris 12. *Juin* 1703. Signé TRABOUILLET, Syndic.

www.ingramcontent.com/pod-product-compliance
Lightning Source LLC
LaVergne TN
LVHW010003230826
846092LV00002B/620

9782329672663